Librairie de GABRIEL jeune, 2, passage Saumon
Prix : 20 centimes.

ORGANISATION DU TRAVAIL
SOLUTION PRÉSENTE

Par Armand ROCHOUX

Au lendemain de la révolution, quand les pavés des barricades étaient encore debout, tous chauds de l'enthousiasme de la victoire, nous nous abordions en nous pressant cordialement la main, en nous disant : Nous sommes frères. A peine quelques jours se sont écoulés depuis, et déjà l'élan qui nous poussait dans les bras les uns des autres s'est éteint. Comment se fait-il que le cœur se soit refroidi si vîte? C'est que la question sociale est venue se placer côte à côte avec la question politique. Les uns croyaient que la monarchie détruite, la République proclamée, la forme changée, tout était fini. Ceux-là se sont trompés. Les autres se disaient qu'il ne fallait pas se contenter d'avoir brûlé un trône, et sans s'arrêter, ils se sont mis à battre en brèche les vieilles institutions, instruments de la royauté qui lui servaient à maintenir l'esclavage, le pire, l'esclavage de la faim, esclavage qui fait de l'homme une brute, car vivant au jour le jour, il ne peut avoir souci ni de son intelligence, ni de ses libertés, ni de ses droits; avant tout, il lui faut du pain pour vivre.

Donc, pendant que la monarchie tombait en ruine, un autre pouvoir s'élevait spontanément, plein de force, tout puissant, devant lequel toutes les têtes s'inclinaient : c'était la souveraineté du peuple.

Au nom du peuple souverain, le Gouvernement provisoire établi par lui décrétait tout d'abord :

Le travail est garanti à l'ouvrier.

Ceux qui ont compris la révolution ont applaudi.

D'autres ont dit : C'est là une promesse impossible à réaliser une nouvelle et grande déception que l'on prépare aux ouvriers.—Le travail garanti à tous, c'est un problème insoluble.

Cette question de l'organisation du travail est celle qui, à cette heure remue le plus profondément les esprits. Dans le statu quo, le travailleur voit la perpétuation de sa misère, dans une réforme l'industriel craint la ruine, le capitaliste une atteinte à sa propriété.

Il importe de chercher, de trouver un terme qui donne la sécurité à tous; à l'un, la garantie de son bien-être, à l'autre une certitude de prospérité, et qui ôte toute inquiétude au capitaliste sur le sort de ce qu'il possède.

Je crois avoir indiqué la grande difficulté.

J'essaierai de la vaincre, en évitant de fatiguer par les détails. Les données générales sont l'essentiel; si elles étaient acceptées, leur développement naturel se déduirait facilement.

Je n'apporterai pas ici le fruit de longues études. La révolution marche rapidement; nous la suivons tous avec ardeur; les idées et les réflexions se ressentent de cette course haletante; donc, je ne prétendrai pas avoir résolu le grand problème qui a été posé. Je dirai seulement : Voici ma conviction présente, et je la mets sous vos yeux avec le désir qu'elle soit de quelque utilité.

Parmi les socialistes, il y en a de patients et d'impatients. Je dis aux derniers : Ce n'est pas en un jour que vous effacerez les mœurs et les traditions de plusieurs siècles, que vous transformerez comme par enchantement une société; vous ne ferez pas pénétrer spontanément vos doctrines dans tous les cœurs, vous ne les feriez pas triompher davantage par la violence.

Il y a une époque de transition à passer, traversons-la.

Les principes de notre drapeau, liberté, égalité, fraternité, ne peuvent être acceptés dans leur plénitude par la génération actuelle ; voyons à les lui faire mettre en pratique dans la mesure de son éducation sociale.

Je prendrai l'un après l'autre les trois termes de notre devise, en vous disant comment, suivant moi, ils seront compris dès maintenant dans leur application à l'organisation du travail.

La liberté d'abord. La liberté c'est le droit d'agir dans la plénitude de sa volonté, en se maintenant dans les bornes du juste. Donc rien ne doit être interdit à l'homme tant qu'il ne blesse pas les grands principes de justice, les lois qui émanent de Dieu, lois simples et claires que le monde comprend instinctivement sans aucune étude.

Vous ne frapperez pas.

Vous ne tuerez pas.

Vous ne déroberez pas.

Vous n'opprimerez personne, pas plus que vous ne voulez être opprimé, car tous, ainsi que vous, ont le droit de vivre en toute liberté, en toute sécurité. La loi de liberté, pour être vraie, ne doit pas être à l'avantage de celui-ci plutôt que de celui-là, la tyrannie est odieuse à tous, elle ne doit être imposée à aucun.

Par l'établissement des sociétés, la liberté native de l'homme a été en quelque sorte altérée, mais c'était dans le but de substituer la force de l'association à la faiblesse de l'isolement. Il ne devait en résulter préjudice pour personne, car la liberté de chacun étant aliénée au même degré, tous restaient libres également. Mais des ambitions sont nées, se sont élevées par la force, ont fondé une domination, qui a été combattue dans tous les temps, mais qui s'est perpétuée au milieu des luttes, de telle sorte que la vraie liberté n'a jamais existé.

Chez nous, elle est sortie victorieuse du dernier combat. Elle est au milieu de nous, forte, sans entraves, et la voix du peuple entier crie qu'elle restera debout à jamais sur notre sol.

C'est à nous de le vouloir, de la défendre, de la maintenir.

La définition et les considérations qui précèdent m'ont paru nécessaires avant de traiter des rapports de la liberté avec l'industrie et le travail.

En ce moment les hostilités sont engagées :

Entre la libre concurrence qui régnait hier, et de nouveaux systèmes qui veulent sa mort.

La question est grave. Je la traiterai le plus simplement possible en posant des questions de principe.

Un homme a-t-il le droit de fonder une industrie ?

Un autre homme a-t-il le droit de fonder une industrie semblable ?

Oui, sans aucun doute. Car si l'un a le droit, et s'il est refusé à l'autre, où est la liberté ?

Si cela est accordé, c'est le maintien de la libre concurrence.

Cependant la libre concurrence, telle qu'elle existait hier, exerçait des abus monstrueux, et c'est pourquoi, si je suis pour son maintien, parce que je la crois favorable aux progrès et à la prospérité de notre industrie, je demanderai en même temps qu'on lui impose des règles qui fassent disparaître ces abus.

Sous le régime passé, elle engendrait entre les entreprises rivales des luttes déloyales qui entraînaient fatalement la ruine, la misère, la mort d'un grand nombre d'hommes pour le profit et le bien-être d'un seul. Je ne me ferai jamais le défenseur d'un tel régime.

Exposons les causes, les effets, afin qu'il soit bien démontré que la liberté poussée jusque-là consacre le crime, et que tous nous soyions d'accord qu'il y a une répression à établir.

Deux industries rivales existent : il importe à chacune d'elles d'attirer à soi la consommation. Comment vont-elles procéder? Il y a un moyen simple, loyal. Avec les mêmes matières, avec les mêmes instruments, avec des ouvriers également habiles, que les concurrents cherchent à se surpasser par la supériorité de leurs produits, ou bien que par des efforts d'activité et d'intelligence l'un d'eux parvienne à pouvoir offrir sa marchandise à des prix plus avantageux que l'autre; il n'y a là qu'une émulation louable et profitable, car il en résulte un progrès, puis un écoulement plus facile de produits. Mais il arrive trop souvent que la lutte ne reste pas dans ces conditions.

L'un des concurrents est plus riche ou plus aventureux seulement. Il se dit: J'ai devant moi la prospérité ou la ruine ; tentons la fortune au risque de succomber, et il offre sa marchandise à prix coûtant. Que son concurrent le suive sur ce terrain, alors il vendra à perte, pendant six mois, pendant un an, il y engagera une partie de son avoir. Les acheteurs abonderont dans sa fabrique, tandis que les ateliers de son rival seront déserts. Donc celui-ci sera vaincu, contraint de se retirer, et le vainqueur resté seul rétablira ses bénéfices au taux antérieur, car la consommation ne pourra pas le délaisser, elle ne trouverait pas ses produits ailleurs. Ou bien, s'il ne peut ramener la hausse à la proportion des anciens prix, il aura encore un moyen de se réserver les mêmes bénéfices, il baissera le salaire de l'ouvrier. L'ouvrier se révoltera, se mettra en grève; mais la misère le fera bientôt fléchir, il reviendra solliciter le travail qu'il avait refusé, car mieux vaudra pour lui un morceau de pain que de ne pas en avoir du tout.

La main sur le cœur, voudriez-vous le maintien d'une telle liberté?

Non. Et je demande moi que cette concurrence déloyale soit déclarée un délit, et que ce délit soit frappé d'une pénalité sévère.

C'est là ma première règle.

J'en indiquerai une deuxième concernant les salaires.

Il est indispensable de fixer un minimum du prix de la journée de l'ouvrier. Sans cela, il n'y a aucune garantie pour son existence.

Sous le régime de la concurrence illimitée, les salaires ont subi des baisses successives, dans des proportions menaçantes pour la vie du travailleur, et il est urgent de leur poser une borne. Je ne vois, du reste, aucune objection sérieuse à la fixation d'un minimum.

Tout le monde comprendra la nécessité de la mesure.

En laissant les salaires à la discrétion du fabricant, il est entraîné dans l'intérêt de l'écoulement de ses produits à réduire le prix de main-d'œuvre, de telle sorte que de 5 fr. par exemple, il descende à 4 fr., puis à 3, puis à 2, puis à 1 fr. 50 c, et même au-dessous, car il n'y a pas de raison pour qu'il s'arrête sur cette pente ; et il aura toujours cette réponse à faire à l'ouvrier : Le bon marché de la marchandise, le taux minime de mes bénéfices ne me permettent pas de payer davantage.

Mais, dira-t-on, vous entravez la fabrication à bon marché, dont l'ouvrier lui-même profite, puisqu'il achète moins cher les objets de sa consommation.

Oui, sans doute, je mets des entraves à cette fabrication à bon marché, parce que si elle est encouragée, vous arrivez à une telle vilité de prix, qu'au lieu de profiter à l'ouvrier comme consommateur, elle tue l'ouvrier. Oui, il achèterait moins cher les produits, et il aurait un magnifique profit en cela, mais son salaire serait tombé si bas, qu'il ne pourrait acheter les aliments de première nécessité. Admettrez-vous que pour arriver à ce résultat des limites extrêmes du bon marché, la vie de millions d'hommes doive être sacrifiée ?

Mais comment soutenir la concurrence avec avantage sous le joug de ce minimum ? Pour la consommation intérieure, la réponse sera facile ; les conditions étant les mêmes pour tous les fabricants rivaux, leurs prix ne pourront différer que par une meilleure direction ou une plus grande économie dans la fabrication, ou bien encore par le plus ou moins de bénéfice dont ils chargeront la marchandise. S'ils ont en face d'eux un produit similaire provenant de l'étranger, qui soit coté plus bas, une augmentation de droits d'entrée sur ce produit devra rétablir la balance.

Mais, pour l'exportation où notre industrie se trouve plus particulièrement en rivalité avec les produits du dehors, comment lutter avec avantage et même à prix égal si leur main-d'œuvre est moins élevée que la nôtre?

Il n'y a pas non plus à toucher au minimum de salaire. Révisez vos tarifs de douanes; faites des réductions proportionnées sur l'entrée de matières premières qui vous arrivent maintenant surchargées de droits pour le plus grand profit de quelques-uns, et vous arriverez sans peine à concourir avantageusement sur tous les marchés.

Si vous avez des raisons plausibles, pour ne pas toucher à vos tarifs, accordez alors une prime à la sortie des produits qui auront besoin de cette faveur. Si la prime existe, mais insuffisante, augmentez-la.

Mais, dans aucun cas, ne laissez subsister cette liberté de retrancher du salaire, une partie indispensable pour la vie de l'ouvrier. Vous obtiendriez sans doute, par là, une prospérité magnifique pour votre industrie; mais à côté vous auriez une misère effroyable, la raison du désespoir se ferait entendre encore, et votre liberté monstrueuse serait renversée de son piédestal.

Pour la fixation du minimum, toutes les industries seraient consultées, et il serait réglé sur les conclusions du rapport d'un jury d'examen compétent.

L'égalité maintenant dans ses rapports avec l'organisation du travail.

De nombreuses théories ont été émises déjà sur ce principe. Quel que soit leur sort dans l'avenir, je ne les crois pas applicables quant à présent, par la raison indiquée que les esprits n'y sont pas préparés.

L'égalité se définit d'elle-même, c'est le droit pour tous dans une mesure égale. Ce n'est pas l'application absolue du mot, car Dieu n'a pas créé deux êtres identiquement semblables, et l'homme ne fera pas mieux que Dieu. Le niveau serait posé aujourd'hui, que demain il s'effacerait. De l'homme supérieur par l'intelligence à un être infime, la différence est forcément marquée, et la distinction s'établit. Est-ce à dire que l'un a plus de droits que l'autre? non. La société doit la même protection, un amour égal à tous deux. Mais l'homme supérieur sera d'une utilité plus grande dans la société, qui lui donnera une rémunération plus large. Cependant ce n'est pas la faute de l'autre s'il est né infime; il est moins utile, c'est vrai, son plus grand désir serait de pouvoir l'être davantage; pourquoi une rémunération moindre à lui? Il y a inégalité. Non, il n'y a pas inégalité. Différents par leur nature, ils n'ont ni les mêmes sensations, ni les mêmes besoins; et recevant une part matériellement inégale, ils sont dans un juste rapport rémunérés selon leur droit, sans violation du principe.

Il est inutile de dire que la mise en pratique de ce principe par le régime passé était dérisoire, que le mot seulement était écrit dans la loi. La République en fera l'application vraie. A jamais tout privilége est aboli, toute distinction de classes est détruite. Citoyens d'une même nation, nous participerons sans exclusion ni faveur, et proportionnellement, aux bénéfices de l'État, comme nous en supporterons proportionnellement les charges. Tous, membres du peuple souverain, tous, souverains au même titre, nous n'avons aucune autorité de nous imposer des conditions vis-à-vis les uns des autres, nous n'avons que des conventions à établir, et notre intérêt réciproque est de traiter de manière à ce qu'aucun ne soit lésé dans le contrat.

Examinons donc, cherchons quelles seraient pour le travail les bases les plus justes à poser selon l'égalité bien entendue. Par raison et par sentiment, le travailleur et le capitaliste doivent se rapprocher. Isolés, ils n'ont pas de moyens d'action; réunis, ils peuvent remuer ensemble et de concert ces deux leviers puissants, l'or qui vient de celui-ci, le travail qui vient de celui-là, et de leur coopération commune faire sortir l'abondance et la prospérité.

L'association a été proposée comme base. D'un côté, on l'a considérée comme le seul moyen d'arriver à une solution satisfaisante, de l'autre on la repousse en la disant inacceptable en ce que les intéressés ne font pas un apport égal, ce qui constitue une faveur pour les uns, un préjudice pour l'autre.

L'argument a de la justesse.

Les travailleurs disent : Mon apport, ce sont mon intelligence et mes bras, tout ce que je possède.

Le capitaliste répond : J'offre aussi, moi, mon intelligence et mes bras, ce qui égalise l'apport.

Mais, comme nous ne pouvons agir sans instruments, sans matières premières, il nous faut une mise de fonds pous nous les procurer.

Je fais, moi, cette mise de fonds.

Donc, j'apporte cela en plus que vous.

Comment allons-nous régler notre association?

Nous partagerons les bénéfices dans une proportion équitable.

Mais quand il n'y aura pas de bénéfices?

Nous nous en tiendrons à nos salaires respectifs.

Mais s'il y a perte?

Comme elle ne peut frapper que ce qui existe, c'est nécessairement le capital qui reçoit le coup.

Le capitaliste objecte alors que courant seul des risques de perte, il veut avoir seul les chances de bénéfice.

Il n'y a guère à répondre à cela, car exiger qu'il disposât de son capital contre sa volonté, ce serait attenter à sa propriété.

Donc l'association doit être volontaire.

On pensera peut-être que l'association étant volontaire, les chefs d'industrie ne l'accorderont jamais de plein gré aux travailleurs, qui resteront par conséquent dans leur état d'infériorité.

Je ne suis pas de cet avis. Je crois au contraire qu'en ne la leur imposant pas, ils seront amenés à la demander eux-mêmes dans un temps très prochain. Ils n'ont, quant à présent, aucune expérience des résultats que peut présenter le système que vous leur proposez. Qu'on le mette en pratique dans plusieurs branches d'industrie, que les avantages soient démontrés, et vous verrez aussitôt des associations se fonder partout.

Il y a des exemples très simples à leur offrir. C'est dans la fabrication surtout que les essais doivent être faits.

Créez un établissement fondé sur l'association à côté d'un autre où les travailleurs ne soient intéressés que pour leurs salaires. L'on peut préjuger par la connaissance de la nature de l'homme que l'avantage sera pour le premier.

Dans la fabrique où il n'y aura que des associés, chacun coopérera de toutes ses forces au succès de l'entreprise. Le travailleur n'aura pas seulement en vue son salaire, qui est le pain de chaque jour, il verra encore au bout de son œuvre un acheminement vers le bien-être, un commencement de capital qui pourra servir à développer l'entreprise plus largement, à augmenter la somme des produits, accroître sa prospérité, et dans un temps plus ou moins long, lui assurer l'aisance à lui travailleur. Ce sera là un stimulant d'une puissance énergique.

Dans l'établissement où le chef sera seul intéressé dans les bénéfices, l'ouvrier ne travaillera que selon la position qui lui sera faite. Il est payé, il doit son travail pour le salaire qu'il reçoit, c'est vrai ; mais il travaille pour un étranger, pour un maître ; il ne travaille pas pour lui. L'activité ne sera pas la même, rien ne l'excitera à chercher des moyens d'abréger, d'améliorer la fabrication. Il se soucie fort peu de procurer la richesse à celui qui l'emploie ; au contraire, le maître et l'ouvrier, dans cette situation, sont toujours ennemis ; l'ouvrier n'a impatience que d'une chose, c'est que sa journée soit finie, et si la surveillance du maître n'a pas été active, cette journée sera peu productive.

Les résultats, étant comparés à la fin de l'année, il se trouvera assurément que le chef du premier établissement, tout en ayant partagé avec ses associés, récoltera un bénéfice plus élevé que son concurrent, qui aura seul recueilli le bénéfice de son entreprise.

Donc que l'association ne soit pas exigée, de pareils exemples se présenteront et suffiront pour l'amener sans aucune violence. Le capitaliste sera éclairé, il ne raisonnera plus comme il raisonne aujourd'hui, lorsqu'il dit : « Il n'est pas juste que moi qui possède j'associe à mes bénéfices des hommes qui n'ont rien. Je les paye comme ouvriers, je ne leur dois pas autre chose. »

Sachons comprendre la nature de l'homme.

Esclave, il produit comme esclave, c'est-à-dire le moins qu'il peut.

Libre, il travaille comme un homme libre ; son intelligence s'agrandit, profite à son œuvre, et le résultat est meilleur.

Décidez dans laquelle des deux conditions que je viens de poser le travailleur est libre, et dans laquelle il est esclave ; votre réponse indiquera les bases nouvelles de l'organisation du travail.

A cette question : Si l'association était adoptée, dans quelle proportion seraient partagés les bénéfices entre le capitaliste et les travailleurs ?

Je répondrai :

Les parties contractantes faisant librement un traité, discuteront et fixeront elles-mêmes toutes leurs conditions de durée de société, de salaires suivant l'aptitude, de quotité de bénéfices pour chacun.

Ce qui fait hésiter le capitaliste à se ranger au système d'association, c'est surtout cette raison : que lui seul courra des risques dans l'entreprise, puisque lui seul engagera un avoir positif.

Suivant moi, la question même ainsi posée, il sera dans de meilleures conditions que le chef d'industrie à salaire fixe sans participation.

Agissant comme ce dernier, il risque également son capital. Mal secondé, à défaut d'un stimulant énergique, il y a certainement pour lui plus de dangers de perte.

Associé, au contraire, il a, comme je crois l'avoir démontré, le dévouement assuré de tous les travailleurs au succès de l'entreprise, et par conséquent des chances d'autant plus grandes de bénéfice.

Il pourra, du reste, stipuler dans le contrat que la perte ayant atteint le capital jusqu'à concurrence de tel chiffre, l'association pourra être dissoute sur sa demande.

Mais si par des désastres inopinés il perd tout?

Je répondrai que ce n'est pas l'association qui aura causé sa ruine, seul dans un cas semblable il eût également tout perdu.

Mais j'ai à traiter, dans ce qui va suivre, des conséquences heureuses de la fraternité appliquée à l'organisation du travail.

La fraternité, voilà le sentiment qui nous manque, et qu'il faut faire pénétrer dans nos mœurs. Issus d'une société où les maximes de l'égoïsme étaient exaltées au plus haut degré, il n'est pas étonnant que nous rapportions tout à nous, que nous agissions exclusivement dans notre intérêt, que nous cherchions par tous les moyens notre bien-être propre, même au plus grand détriment des autres. Je dis sans ménagement ce qui est. La société d'où nous sortons nous faisait des mœurs telles que nous étions fatalement entraînés à désirer la ruine de nos semblables pour notre élévation à nous. Je dois ajouter cependant que notre cœur s'est toujours révolté contre ces odieux entraînements auxquels nous cédions pour ainsi dire forcément, parce qu'il fallait sans cesse rester sur la défensive, répondre à l'attaque par l'attaque, étouffer son adversaire pour ne pas être étouffé par lui.

Quand je dis que le sentiment de fraternité nous manque,

je ne prétends pas que la sensibilité ne puisse être en aucune
manière excitée chez nous. Que l'on place sous nos yeux le
spectacle d'un grand malheur, nous éprouverons un mouvement
de compassion, nous soulagerons ce malheur spontanément,
avec élan, sans hésiter. Mais parlez de la misère publique, faites
un horrible tableau des souffrances des masses, quelle réponse
obtiendrez-vous? La voici : Nous ne pouvons rien faire à cela;
cela a toujours été ainsi, et cela sera toujours. C'est d'une bar-
barie révoltante. Pour l'honneur de l'humanité, il faut qu'une
telle réponse ne puisse se faire désormais. Une société qui a
si peu de souci du sort de la moitié de ses membres périssant
de misère, est une société criminelle; elle est condamnée ;
qu'elle ne soit pas relevée du châtiment qu'elle a encouru,
et donnons-nous une société nouvelle qui prenne et remplisse
dignement le rôle réparateur que nous allons lui confier.

La fraternité sera un puissant auxiliaire pour l'accomplisse-
ment des réformes à introduire dans nos mœurs et nos institutions; mais il faut que ce terme soit entendu et pratiqué
autrement qu'il ne l'a été jusqu'ici. Que faisions-nous au nom
de ce sentiment? Dans un cercle étroit d'amitié ou de famille,
nous nous prêtions mutuellement assistance selon nos besoins;
mais un homme qui nous était inconnu n'était et ne pouvait
pas être pour nous un frère. Isolés, n'ayant par conséquent à
nous appuyer que sur nos propres forces, nous ne pouvions
disposer de ressources suffisantes pour venir en aide à toutes
les misères qui se seraient présentées. Restons dans le même
isolement, et les souffrances se perpétueront.

L'union seule fondée sur l'intérêt bien entendu de chacun peut
mettre fin aux misères auxquelles nous sommes tous exposés.

Le travailleur ayant son existence assurée tant qu'il travaille, n'a plus la même garantie si le chômage arrive.

L'industriel, même dans une situation prospère, peut être
frappé d'une perte qui tue son crédit et compromette son
entreprise.

L'agriculteur, qui n'a de richesse que son champ, sa ferme,
son domaine, court le risque d'une mortalité dans ses bestiaux, de la perte de ses récoltes, et ce cas arrivant, il a peine
à se relever d'une pareille catastrophe.

Il y a cependant possibilité de faire face à ces terribles éven-
tualités, de paralyser le mal qu'elles font si elles se réalisent.
N'en appelez pas à la charité publique, quels que soient ses

bons sentiments, elle ne sera jamais excitée assez puissamment, pour que ses secours aient l'efficacité voulue.

Ce qu'il faut, c'est le concours de tous. Ce qu'il faut encore, c'est que chacun soit entraîné par son intérêt à donner ce concours.

Établissez une caisse que vous appellerez fraternelle et nationale, et dites :

Tout travailleur qui s'imposera une retenue de 5 pour °|₀ sur le montant de ses journées, et en fera le versement, soit chaque semaine, soit tous les 15 jours, soit tous les mois, recevra de la caisse, en cas de chômage ou de maladie, 3 fr. (1) par jour jusqu'au moment où il pourra reprendre son travail.

Tout industriel qui versera chaque mois une contribution qui sera fixée suivant l'importance de ses opérations (2), sera couvert des pertes qu'il pourrait subir par suite de faillites.

Tout agriculteur qui se sera imposé mensuellement, dans la proportion de ses moyens, et qui aura souffert, soit dans ses récoltes, soit de la mortalité de ses bestiaux, sera indemnisé du préjudice qu'il aura éprouvé.

Tout citoyen qui, par sa position de fortune, n'aura pas de risques probables à courir, et dans un intérêt d'humanité seulement, déposera des dons à la caisse, sera honoré d'une médaille portant en effigie la figure symbolique de la Fraternité, et au revers les attributs de l'Agriculture et de l'Industrie.

Établissez cette caisse qui sera administrée par l'État, et tous, je crois, apporteront le tribut demandé non seulement en vue de l'intérêt réel attaché à l'institution, mais encore en vue du sentiment au nom duquel vous l'aurez créée.

Ajoutez à cela des banques agricoles et industrielles qui secondent réellement l'agriculture et l'industrie au lieu de les écraser par l'usure, comme l'ont fait jusqu'ici les prêteurs sur hypothèques et les escompteurs.

(1) En fixant l'indemnité pendant le chômage à 5 fr. par jour, cela ne doit être entendu que pour l'ouvrier de Paris. Pour les autres villes ou localités industrielles et manufacturières, cette indemnité serait en rapport avec le prix des loyers et objets de première nécessité. Il y aurait les mêmes considérations à observer pour la fixation du minimum de salaire dont le chiffre varierait suivant les conditions plus ou moins avantageuses d'alimentation qu'offriraient les localités.

(2) L'expérience des industriels et commerçants leur a démontré qu'en moyenne leurs pertes annuelles, par suite de faillites, s'élevaient de 4 à 5 et 6 p. 0|0 sur le chiffre de leurs opérations. Le taux de la contribution pourrait être de 2 p. 0|0 sur le montant de leurs affaires. Donc ils y auraient un avantage marqué. Ce taux de 2 p. 0|0 suffirait à la caisse, car l'association étant généralement adoptée, il y aurait pour ainsi dire extinction des faillites en France, les risques n'existeraient plus que sur les opérations faites à l'étranger.

Ainsi entendue, ainsi mise en pratique, la fraternité entrera nécessairement dans nos mœurs. En vertu d'un contrat tacite et volontaire, nous serons tous unis par une vaste solidarité, et sous cette puissante protection, notre intelligence, dégagée de tout souci matériel, s'élèvera ; nous deviendrons aptes à de plus grandes choses, et dans l'agriculture, et dans l'industrie, et dans les sciences, et dans les arts, nous donnerons au monde l'exemple d'une nation gouvernée par elle-même, marchant libre et fière dans une voie de gloire et de prospérité.

Je disais il y a un instant que l'argument le plus solide de ceux qui repoussent l'association était celui-ci : Il n'y a pas de compensation pour les risques que court le capital. Cet argument est détruit par l'application du mode de contribution que je propose ; il n'y a plus d'obstacle à l'adoption de ce système, le seul qui, par les stimulants qu'il contient, soit propre à nous faire progresser rapidement.

Je m'attends à rencontrer bien des objections. Il en est que je prévois d'avance.

On me dira : Vous donnez beau jeu à la paresse. En offrant 3 francs par journée pendant le chômage, vous aurez une foule de fainéants qui travailleront quinze jours dans un atelier, vous porteront la retenue sur leur salaire, puis abandonneront l'ouvrage pour vivre de vos 3 francs sans rien faire.

Je ne ferai pas cette réponse banale que le devoir fera une loi du travail, car il y a bien des natures qui ne comprennent et ne comprendront jamais la loi du devoir ; mais je répondrai : Cette indemnité pendant le chômage ne sera accordée qu'à bon escient. Il sera facile de savoir dans l'atelier pourquoi tel travailleur en est sorti ; on saura encore s'il y a pour lui possibilité d'entrer dans un autre ; et s'il y avait notoirement calcul de paresse, calcul de lâcheté, loin de recevoir l'indemnité, il serait frappé de mépris.

On me dira aussi : Vous garantissez l'industriel des pertes par suite de faillites. C'est une prime offerte aux opérations aventureuses. Tel producteur étant assuré contre les pertes, très satisfait d'écouler de fortes quantités de marchandises, ne s'informera même plus de la moralité, de la solvabilité de son acheteur. Il livrera sans y regarder de si près, et vos ressources seront bientôt épuisées.

Il y a une réponse analogue à faire. — L'assurance, quand on vient de lui déclarer un sinistre, va le constater avant de payer. S'il y a des indices de malveillance, elle refuse l'indemnité. Si la malveillance est prouvée, l'auteur en est puni. Il en serait de même en pareil cas. L'industriel qui livrerait sa marchandise avec la conviction qu'il ne serait pas payé, qui livrerait par conséquent avec l'intention frauduleuse d'écouler ses produits certain d'en être couvert par l'indemnité, serait assimilé à l'homme qui incendie sa maison assurée. Il ne serait pas passible de la même peine, mais son châtiment serait dans la perte qui resterait à sa charge.

On me dira encore : Mais il y a surabondance de travailleurs dans toutes les professions, mais il y a un grand nombre d'individus sans profession aucune, qui vivent on ne sait comment au sein des grandes cités; vous ne recevrez jamais de quoi subvenir à ces besoins innombrables.

L'objection est sérieuse quant à la surabondance des travailleurs. Je répondrai : Dans l'avenir, nous y pourvoirons par une éducation mieux entendue. Ici nous avons trop de bras, l'agriculture n'en a pas suffisamment. Nous tournerons les désirs et l'émulation du côté de l'agriculture, et l'équilibre sera rétabli de manière à ce que le chômage devienne à peu près nul.

Aux individus sans profession, sans moyens d'existence, et volontairement oisifs, nous dirons quand ils viendront nous réclamer des secours :

Nous ne vous repoussons pas, notre devoir est de vous accueillir.

Mais votre devoir à vous est de travailler.

D'une main nous leur présenterons du pain, et de l'autre une bêche.

Il faudra qu'ils utilisent l'instrument, s'ils veulent recevoir la nourriture.

Mais quant à présent, la surabondance de bras, comment l'emploierez-vous?

Nous possédons à deux cents lieues de nos ports de la Méditerranée un pays vaste, fertile. Le gouvernement qui nous a précédé au lieu de le faire fructifier, n'en a fait qu'un champ de bataille où nous faisions tout à la fois sacrifices énormes d'argent, sacrifices horribles du sang de notre héroïque armée pour la plus grande gloire et le plus grand profit de quelques hommes.

Nous en userons autrement à l'égard de ce pays.

Nous demanderons chaque année à la France un crédit de quelques millions. L'État les emploira à fonder lui-même quelques établissements agricoles, qu'il vendra plus tard lorsqu'ils seront en pleine exploitation.

Ou bien, il décrétera :

Il est accordé, comme prime d'encouragement, aux citoyens qui voudront s'établir colons en Algérie :

1° Tant d'hectares de terrains ;

2° Tous les instruments aratoires nécessaires à la culture ;

3° Telle somme comme frais de premier établissement.

Les colons seront exempts d'impôts pendant 6 ou 8 ans sur les propriétés concédées.

Vous verrez bientôt alors diminuer la surabondance de bras dont vous vous plaignez. Car assurés que nous sommes maintenant d'une possession certaine, assurés que la nation, maîtresse souveraine de ses volontés, ne laissera plus à la merci du sabre ce magnifique pays, nous irons sans hésiter remuer ce sol fécond, conquérir une richesse qui nous sera propre en même temps que nous accroîtrons celle la France.

Encore une objection.

Si vous garantissez ainsi le bien-être même pendant le chômage, vous allez voir affluer en France une masse d'ouvriers étrangers que la misère chassera de leur pays, et cette surabondance de bras que vous cherchez à écarter, s'accroîtra encore, et votre caisse ne suffira jamais à rassasier ces millions de bouches affamées.

Je réponds :

Il y a quelques jours, une certaine partie de la population réclamait énergiquement le renvoi de tous les ouvriers étrangers, exposant pour motif que le pain du travail national appartient avant tout aux ouvriers nationaux. Nous avons été indigné de cette demande d'expulsion brutale, qui du reste a été répudiée par la majeure partie des ouvriers français, et flétrie comme elle le méritait par l'autorité. En effet, c'était donner le démenti le plus formel au complément nécessaire de notre devise, la fraternité. Presque tous ces ouvriers étrangers habitaient la France avant la révolution, ils avaient souffert de nos misères ; au jour de la lutte, un grand nombre ont combattu aux barricades ; la plupart sont Français de cœur, ils ont ici leurs intérêts, leurs familles, qu'ils nourrissent avec peine du fruit de leur travail ; en exigeant leur départ on les mettait sans pain, en proie à une misère incalculable. D'un autre côté, c'eût été frapper du même coup les ouvriers français qui sont à l'étranger, nos propres frères ceux-là, que l'on aurait chassés impitoyablement, comme la France eût chassé les leurs, si l'autorité avait cédé à ces exigences iniques.

La France a toujours été hospitalière, elle doit conserver ses traditions généreuses.

Mais elle doit aussi agir dans le sens des règlements qu'elle se donnera en vue du bien-être de tous.

Donc, point d'exclusion. Mais soumission de tous aux devoirs qui seront imposés.

Par l'éducation donnée, nous ferons en sorte de répartir les bras dans une juste proportion entre les diverses industries et l'agriculture, de manière à éviter que la surabondance vienne à peser de nouveau sur telle ou telle branche. Nous ne pourrons admettre par conséquent que le trop plein écarté par une organisation bien entendue arrive du dehors, et nous rejette dans la misère que nous voulons éteindre.

Ainsi, la France est ouverte à tous, sa terre est la terre de liberté, d'égalité, de fraternité. Frères de toutes les parties du globe, vous pouvez venir, le meilleur accueil vous est assuré, à la condition que vous observerez rigoureusement les conditions et les lois, dont nous serons, nous, les premiers, les stricts observateurs.

Je ne me poserai pas à moi-même d'autres objections pour le plaisir de les combattre. Le mode que j'indique est je crois des plus simples et des plus praticables, et présente l'avantage de préparer à des réformes plus larges. Si je me suis trompé dans mes appréciations, le juge suprême, l'opinion rejetera loin d'elle ces pages devenues inutiles ; mais l'intention loyale de celui qui écrit ces lignes restera, et le premier il applaudira à des tentatives plus heureuses, plus dignes de recevoir une éclatante approbation.

Paris, 4 mai 1848.

Imprimerie de GUSTAVE GRATIOT, 11, rue de la Monnaie.